Impressum

Der Fotograf und Autor:
Gerald Schwabe, Jahrgang 1968, gelernter Reiseverkehrskaufmann, studierter Geograph und begeisterter Fotograf, lebt mit seinem Sohn in Immenstadt in seiner oberallgäuer Wahlheimat.

Weitere Veröffentlichungen:

Bildband »Traumhaftes Allgäu«, 2005, Eberl Verlag (Immenstadt)
Bildband »Faszination Allgäuer Bergwelt«, 2008, Eberl Verlag (Immenstadt)
Wanderführer »Vergessene Pfade im Allgäu«, 2010, Bruckmann Verlag (München)
Bildband »Allgäu-Panoramen«, 2011, Brack Verlag (Altusried)
Wanderführer »Seilbahn-Wanderungen Allgäu«, 2012, Bergverlag Rother (München)

Gerald Schwabe, Immenstadt
www.allgaeu-bilderbogen.de
email: geraldschwabe@gmx.de

Umschlagvorderseite: Rappensee im Rappenalptal bei Oberstdorf
Umschlagrückseite: Schloss Neuschwanstein bei Füssen
Bildnachweis: Alle Bilder stammen von Gerald Schwabe (www.allgaeu-bilderbogen.de)
Panoramakarte: mit Genehmigung der Allgäu Marketing GmbH, Kempten

Umschlag und Satz: Simone Gunst, Oberstdorf (www.mediavia.de) und Gerald Schwabe
Layout und Gestaltung: Gerald Schwabe
Druck: AZ Druck und Datentechnik, Kempten

Verlag: Franz Brack Verlag, Altusried (www.brack-verlag.de)
ISBN 978-3-86389-006-3

ALLGÄU

Das Allgäu ist eine der schönsten Landschaften der Alpen, ein Traumziel für alle Bergfreunde und Naturliebhaber, eingefangen in stimmungsvollen Bildern des bekannten Naturfotografen Gerald Schwabe.

Dieses Buch nimmt Sie mit zu malerischen Wasserfällen und hinauf zu einsamen Bergseen, zu weltbekannten Zielen wie dem Schloss Neuschwanstein, zu urigen Berghütten und auf großartige Aussichtsgipfel.

Ausgehend von Oberstdorf, dem touristischen Zentrum des Oberallgäus, werden alle Täler mit ihren Sehenswürdigkeiten und Naturschönheiten vorgestellt. Über das Kleinwalsertal und das Illertal mit Fischen und Immenstadt führt die Reise ins Ostrachtal mit Bad Hindelang. Das Tannheimer Tal und das Ostallgäu rund um Füssen, die Königsschlösser und die voralpine Seenlandschaft runden den Streifzug ab.

Für Stefanie –
schön, dass es dich gibt!

OBERSTDORF

Wie in einem Amphitheater bilden die hohen Gipfel der Allgäuer Alpen den eindrucksvollen Hintergrund des kleinen Ortes, der das touristische Herz des Oberallgäus bildet. Sternförmig laufen die vielen Täler (u.a. Trettach-, Stillach-, Kleinwalser- und Oytal) auf die weite Wiesenebene zu, um sich dort zum Illertal zu vereinen, welches hier seinen Ursprung hat. Die südlichste Gemeinde Deutschlands ist auch eine der meistbesuchten und pflegt gekonnt ihr Image als beschauliche, bäuerlich heile Welt und gleichzeitig als mondäner Austragungsort internationaler Sportereignisse.

Naturliebhaber und Wanderer finden hier auf engstem Raum eine ungemein abwechslungsreiche Fülle an herrlicher Natur, nicht immer ganz einsam, aber fast immer begeisternd. Etwa 75 Prozent des riesigen Gemeindegebietes stehen unter Landschafts- oder Naturschutz, allen voran die geschützten Allgäuer Hochalpen unmittelbar vor den Toren Oberstdorfs. Die Bergwelt ringsum ist perfekt durch Wanderwege und Seilbahnen erschlossen, bietet aber dank ihrer Ausdehnung und der gebirgigen Natur, die sich nur bedingt »zähmen« lässt, noch immer viel Platz für stille Ecken.

 Ahornallee bei Oberstdorf

Der Moorweiher bei Oberstdorf

Winterimpressionen rund um Oberstdorf

◁ **Breitachklamm**

Zusammen mit Trettach und Stillach ist die Breitach einer der drei Quellflüsse der Iller. Beim Austritt aus dem Kleinwalsertal durchbricht der Fluss einen gewaltigen Felsstock aus hartem Kalkgestein. Das eindrucksvolle Naturschauspiel, wie sich die Wassermassen wild schäumend ihren Weg durch die teilweise nur wenige Meter breite und bis zu 100 Meter tiefe Schlucht bahnen, hat seit Erschließung der Klamm 1905 mehrere Millionen Besucher angelockt.

Geissberg △

Gerade einmal 1372 m misst dieser Berg bei Tiefenbach. Doch so unscheinbar er auch wirkt: Von der kleinen Wiese, die seinen Gipfel krönt, bietet sich ein wunderbarer Blick auf das Illertal bei Oberstdorf und die Allgäuer Alpen.

△ Besler

Vom Tal aus ähnelt das auffällig kantige Gipfelplateau des Besler dem Bug eines mächtigen Schiffes. Und vom Gipfel bietet sich ein prächtiger Blick über das Lochbachtal Richtung Oberstdorf und Allgäuer Hauptkamm.

Rohrmoos ▷

Von Tiefenbach führt eine Mautstraße hinein in dieses abgeschiedene Tal, das sich über den Rohrmoossattel westwärts bis ins Vorarlberger Sibratsgfäll fortsetzt. Auf einer malerischen Hochebene liegt der kleine Weiler Rohrmoos (1070 m) unterhalb der beeindruckenden Gottesackerwände. Die Siedlung und fast das gesamte Tal sind seit über 500 Jahren Eigentum der Fürsten Waldburg-Wolfegg.

Bergbauernland

Trotz aller Moderne hat sich im Allgäu eine lebendige Bergbauerntradition erhalten. Zwar gehört die einsam gelegene, nur zu Fuß erreichbare Sennhütte – von ganz wenigen Ausnahmen abgesehen – der Vergangenheit an, aber noch immer gibt es fast 700 Almen im Allgäu, auf denen das Vieh den Sommer verbringt. Und auf den meisten warten gemütliche und oft mit liebevollen Details versehene Hütten auf hungrige und durstige Wanderer.

Alpe
Zunkleiten
1172m

Nebelhorn & Rubihorn

Die beiden Hausberge Oberstdorfs bieten prächtige Ausblicke, herrliche Wandermöglichkeiten und sechs phantastische Bergseen. Nicht ohne Grund ist dieses Wandergebiet so beliebt, wobei es auf dem seilbahnfreien Rubihorn vergleichsweise ruhig zugeht. Die Nebelhornbahn hingegen sorgt für einen gewissen Trubel in alpinen Höhen, aber wer die unmittelbare Seilbahn-Umgebung hinter sich lässt, taucht ein in eine wunderbare Bergwelt voller einsamer Plätze. Zahlreiche Möglichkeiten bringen den Wanderer in Entscheidungsnot: Der Panoramaweg oberhalb des Oytals zum Laufbacher Eck, die beeindruckende Seen-Runde zum Großen Daumen, hinunter zum Seealpsee oder doch lieber zu den malerischen Gaisalpseen....

Seealpsee ▷▷

Eines der bekanntesten Fotomotive des Oberallgäus ist sicherlich der Seealpsee mit den Gipfeln des Allgäuer Hauptkamms im Hintergrund. Direkt hinter dem See stürzen die Felswände fast senkrecht 600 Höhenmeter ins Oytal ab.

△ Hochvogel

Geologie wie aus dem Lehrbuch: Vom Laufbacher Eck genießt man einen phantastischen Blick auf die markante Spitze des Hochvogel und die gewaltige, fast einen Kilometer dicke Felsformation aus hartem, wild gefaltetem Dolomitgestein, aus dem die meisten der schroffen Gipfel des Allgäuer Hauptkamms – wie z.B. Trettachspitze, Biberkopf oder Widderstein – bestehen. Und direkt darunter die grünen, grasbewachsenen Schichten, auf die sich die Dolomitfelsen im Zuge der Alpenbildung geschoben haben.

Oberer Gaisalpsee ▷

Hinter dem See fällt das Gelände steil ab zum Unteren Gaisalpsee; darüber das Rubihorn, und im Hintergrund das Illertal mit Fischen.

△ Hochvogel

Obwohl er mit 2592 m fast der höchste Berg ist weit und breit, ist er wegen seiner etwas »nach hinten« versetzten Lage im Allgäuer Hauptkamm vom Illertal aus selten zu sehen. Aber kaum steigt man etwas höher, zieht die markante Pyramide des Hochvogels jeden Blick auf sich.

Laufbichelsee ▷

Auf der buckligen Karsthochfläche des Koblat unterhalb des langen Felsgrates zwischen Nebelhorn und Großem Daumen liegt der stille Laufbichelsee. Und im Süden breitet sich der Allgäuer Hauptkamm mit dem Hochvogel aus.

Oberstdorf, Trettachtal, Stillachtal
und Kleinwalsertal vom Rubihorn

Oytal

Das Oytal beginnt gleich vor den Toren Oberstdorfs und reicht ca. 8 km ostwärts in die Berge hinein. Entlang des kristallklaren Oybachs gelangt man bis zum Oytalhaus unterhalb der hoch aufragenden Seewände; im Talschluss recken sich Schneck und Großer Wilder in den Himmel. Mit jedem Schritt wird es spektakulärer und wilder. Vorbei am Stuibenfall (u.) geht es hinauf zur Hochebene der Käseralpe. Ausdauernden Wanderern erschließt sich hier einer der einsamsten Abschnitte der Allgäuer Berge: himmlische Ruhe am einsamen Eissee zu Füßen des wuchtigen Großen Wilden (re.) und prächtige Ausblicke auf die markante Höfats.

Höfats ▷

Die Höfats (2257 m) mit ihren steilen Flanken und Gipfelgraten gilt als einer der schönsten Grasberge des Allgäus. Berühmt für seine Pflanzenvielfalt und insbesondere die Edelweißbestände – welche zahlreiche Sammler anlockten – wurde der Berg ab 1935 durch einen im Sommer permanent besetzten Zeltposten der Bergwacht in 2000 m Höhe bewacht. Ein Nebeneffekt war ein drastischer Rückgang der tödlichen Abstürze an den ungemein gefährlichen Grashängen.

◁ Käseralpe & Oybach

Am Talende liegt inmitten einer alpinen Hochebene und überragt von Höfats und Schneck auf 1400 m die hübsche Käseralpe (o. li.). Eine Etage tiefer fließt der Oybach bereits durch eine ganz andere, lieblichere Landschaft. Ein kurzes Stück talauswärts versickert sein Wasser vollständig und kommt erst unterhalb des Oytalhauses in zahlreichen Quellen wieder zum Vorschein.

Blick von den Oberstdorfer Wiesen hinein ins Oytal,
über dem sich die steile Schneck und die Dolomitgipfel des Großen Wilden erheben.

TRETTACHTAL

Die Trettach ist neben der Stillach und der Breitach der dritte Quellfluss der Iller. Das enge Trettachtal führt von Oberstdorf aus schnurgerade nach Süden und endet in einem spektakulären Talschluss mit den eindrucksvollen Gipfeln von Trettachspitze und Kratzer. Ein wunderschönes Tal mit einer Vielzahl von Sehenswürdigkeiten: Die klare Trettach, die weiten Wiesen bei Dietersberg und Spielmannsau und der malerische Christlessee. Und jeweils durch eine kleine Geländestufe vom Haupttal getrennt führen an seiner Ostseite drei weitere Nebentäler in die Berge hinein: das Dietersbachtal mit der historischen Alpsiedlung Gerstruben, dem Hölltobel und der Dietersbachalm, das wilde Traufbachtal und ganz im Süden der steile Sperrbachtobel, durch den man hinaufwandern kann zur Kemptner Hütte und zum Allgäuer Hauptkamm.

Alpsiedlung Gerstruben

Uralte Holzhäuser, knorrige Ahornbäume und duftende Almwiesen. Die Alpsiedlung Gerstruben, auf einem sonnigen Südhang am Ausgang des Dietersbachtales gelegen, versprüht eine ganz besondere Atmosphäre und verführt in vergangene Zeiten der Langsamkeit. Bereits 1361 wurde die Siedlung urkundlich erwähnt, nachdem sie, wie das gesamte Trettachtal, vom Tiroler Lechtal aus besiedelt worden war. Bis zum Ende des 19. Jahrhunderts ganzjährig bewirtschaftet, wurde das kleine Dorf schließlich verlassen. Fünf Höfe und eine Kapelle sind erhalten geblieben und bilden ein einzigartiges Ensemble, überragt vom spitzen Gipfel der Höfats.

Alpsiedlung Gerstruben

◁ DIETERSBACHALM

Ganz am Ende des Dietersbachtales – einem Nebenzweig des Trettachtales – wartet diese schmucke Alm auf Wanderer. Von hier kann man über den Älpelesattel hinüber ins Oytal wandern und dabei die Höfats umrunden.

CHRISTLESSEE △

Mitten im Trettachtal versteckt sich der wunderbare Christlessee, der – anders als die von Gletschern geformten Seen oben im Gebirge – seine Existenz einer großen Karstquelle verdankt, die in seiner Mitte sprudelt. Im kristallklaren, grünlich schimmernden Wasser sind versunkene Baumstämme zu entdecken, zwischen denen sich flinke Forellen tummeln. Ein herrliches Plätzchen.

△ **Dietersbachtal**

Von der Alpsiedlung Gerstruben führt eine hübsche Ahornallee ins Dietersbachtal hinein. Vorbei an der uralten, unbewirtschafteten Gerstruber Alpe gelangt man bis zur Dietersbachalm am Talschluss.

Hölltobel ▷

Der Ausgang des Dietersbachtales liegt etwa 200 m höher als das Trettachtal. Während der letzten Eiszeit wurden beide Täler durch Gletscher ausgeschürft, das Trettachtal jedoch aufgrund des viel mächtigeren Eisstroms sehr viel tiefer als das Dietersbachtal. Nach Abschmelzen der Gletscher blieb ein sogenanntes Hängetal zurück, dessen Gefälle durch den beeindruckenden Hölltobel überwunden wird.

Stillachtal

Das Stillachtal ist mit einer Länge von rund 15 km fast doppelt so lang wie das benachbarte Trettachtal und stößt fjordartig in die Allgäuer Alpen hinein. Im unteren Stockwerk locken die rauschende Stillach, die weiten Wiesen von Birgsau und der stille Freibergsee; und wer höher hinauswill, findet mit dem Rappensee, zahlreichen Berghütten sowie dem Fellhorn eine Fülle an wunderschönen Wanderzielen. Bekanntestes Fotomotiv im Tal ist sicherlich Einödsbach, das kleine Ensemble aus Kapelle und Bauernhaus unterhalb von Trettachspitze und Mädelegabel (▷▷).

△ **MINDELHEIMER HÜTTE**

Auf einem sonnigen Balkon tief im Rappenalptal liegt die Mindelheimer Hütte. Auf der gegenüberliegenden Talseite reihen sich die Gipfel des Allgäuer Hauptkamms auf, vom Linkerskopf bis zum markanten Biberkopf (2599 m), dem südlichsten Gipfel Deutschlands.

RAPPENSEE ▷

Das schönste Vermächtnis der eiszeitlichen Gletscher sind zweifellos die Bergseen. Ein gutes Dutzend davon – allesamt in Höhen zwischen 1500 und 2100 m gelegen – schmückt die Allgäuer Berge. Wie der Rappensee, der – überragt vom Kleinen Rappenkopf – einen weiten Wiesenkessel ausfüllt. In der Ferne ist der Widderstein zu erkennen.

◁ WINTER

Nur einen Steinwurf entfernt vom Fellhorn-Ski-Trubel präsentiert sich das Rappenalptal, wie das Stillachtal südlich von Einödsbach genannt wird, als einsame Winter-Idylle.

HERBST ▷

Herbstlicher Farbenrausch im Stillachtal; unterhalb von Trettachspitze (2595 m), Mädelegabel & Co. die Häuser von Einödsbach.

◁ FREIBERGSEE

Auf einem bewaldeten Höhenrücken am Ausgang des Stillachtales liegt in 930 m Höhe der Freibergsee. Einen schönen Überblick genießt man von der Skiflugschanze direkt an seinem Südufer.

Berghütten ▷

Notorische Frühaufsteher, unvermeidliche Schnarcher und Wäscheleinen voller auslüftender Wandersocken verleihen jeder Hüttenübernachtung einen unverwechselbaren Charme.
Und doch sind es magische, unvergessliche Erlebnisse, den Tag hoch oben im Gebirge zu beginnen. Das Stillachtal bietet dazu viele Möglichkeiten: die Fiderepasshütte am Übergang zum Kleinwalsertal, das Waltenberger Haus unterhalb der Trettachspitze und die Rappenseehütte nahe des gleichnamigen Sees.

◁ Guggersee

Ein kleiner Bergsee mit großer Kulisse: Im Guggersee spiegelt sich der Allgäuer Hauptkamm zwischen Trettachspitze und Linkerskopf.

Kleinwalsertal

Dieses von der Breitach durchflossene Tal nimmt eine Sonderstellung ein. Es gehört zu Österreich, bildet geographisch und touristisch aber eher eine Einheit mit dem Allgäu. Da die hohen Gipfel ringsherum eine vernünftige Verkehrserschließung nach Österreich unmöglich machen, ist das Tal nur über das Allgäu zu erreichen. Ca. 16 km lang und bis zu 7 km breit ist es sehr viel offener und siedlungsfreundlicher als seine Nachbarn Stillach- und Trettachtal. Im 13. Jahrhundert durch die namensgebenden Einwanderer aus dem schweizer Wallis besiedelt, finden sich im Tal heute vier kleine Dörfer, die den Lebensraum für etwa 5000 Menschen bilden.

Das Kleinwalsertal lebt fast ausschließlich vom Fremdenverkehr und ist heute Österreichs drittgrößte Touristendestination.

Skifahrer finden beste Pistenverhältnisse, und den Sommergast erwarten schier unbegrenzte Wandermöglichkeiten auf engstem Raum: die imposanten Berggipfel von Widderstein und Hohem Ifen, das Gottesackerplateau, aussichtsreiche Gratwanderungen auf Fellhorn und Walmendinger Horn, gemütliche Wiesenwege im Tal, die berühmte Breitachklamm....

△ Riezlern

Der größte Ort im Kleinwalsertal, überragt vom markanten Kalkplateau des Hohen Ifen. Links davon das Schwarzwassertal und die Kette der Ochsenhöfer Köpfe zwischen Grünhorn und Walmendinger Horn.

Mittelberg ▷

Schüsser, Schafalpenköpfe und Wildental bilden die Hintergrundkulisse von Mittelberg, neben Riezlern, Hirschegg und dem kleinen Baad am Talende die vierte Siedlung im Tal. Der Kirchturm aus dem Jahr 1374 entstand bereits kurz nach der Besiedlung durch die Walser.

△ FELLHORN

Die Aussicht ist spektakulär und von der Seilbahnstation sind es nur wenige Schritte auf den Gipfel (2038 m); das Fellhorn ist also meist gut besucht. Und die grandiose Gratwanderung oberhalb des Kleinwalsertales gehört zu den populärsten Touren des Oberallgäus.

WILDENTAL ▷

Gegenüber von Mittelberg überragen der Schüsser (li.) und die schroffen Dolomitgipfel der Schafalpenköpfe, über deren Grat der Mindelheimer Klettersteig verläuft, das Wildental.

Prächtiges Panorama vom Widderstein (2533 m):
Lechtaler Alpen, Biberkopf und Warth

Hoher Ifen & Schüsser

Zwei der schönsten Aussichtsberge im Kleinwalsertal. Der Hohe Ifen (2229 m, oben), der von unten betrachtet so abweisend wirkt mit seiner auffälligen, schrägen Kalkplatte, überrascht auf dem Gipfel mit einer wunderschönen Wiese und einem grandiosen Panorama über Allgäuer Alpen und Bregenzer Wald.
Und vom Schüsser (2170 m, rechts) oberhalb der Kanzelwandbahn auf der gegenüberliegenden Talseite genießt man einen unbegrenzten Blick über das gesamte Kleinwalsertal bis hinüber zum Hohen Ifen.

Der Hochalpsee am Widderstein

Widderstein und Koblat-Hochebene
am Hochtannbergpass

Schwarzwassertal ▷

Eine Handvoll Nebentäler führen vom Kleinwalsertal in die Bergwelt hinein. Das Größte ist das Schwarzwasser-tal, über dem sich die markante Kalkplatte des Hohen Ifen erhebt. Die vielen Felsbrocken unter der Abbruchkante, die teils Einfamilienhausformat erreichen, zeigen anschaulich, dass der Zahn der Zeit und die Erosion auch an diesem so unerschütterlich wirkenden Berg nagen.

◁ Rund um den Widderstein

Ganz im Süden des Kleinwalsertales zwischen Mittelberg und Baad zweigen das Bärgunt- und das Gemsteltal (li.) vom Haupttal ab, beide überragt vom wuchtigen Widderstein.
Und wer hinauf zur Widdersteinhütte oberhalb des Hochtannbergpasses wandert, kommt in den Genuss großartiger Ausblicke hinüber in den Bregenzer Wald und zur Braunarlspitze (o. li.).

VIEHSCHEID

Ausnahmezustand im Allgäu! Zumindest für die 30.000 Vierbeiner, deren »Sommerfrische« auf der Alm ein Ende hat. Bunt geschmückt und mit schweren Kuhglocken behängt geht es unter ohrenbetäubendem Lärm talwärts. Fast täglich findet im September irgendwo im Allgäu ein Viehscheid statt, manchmal klein und dörflich, oft aber auch in Form einer touristisch aufgemotzten Veranstaltung, bei der die Ankunft der Tiere durchaus Ähnlichkeit mit einem Zieleinlauf bei der *Tour de France* hat.

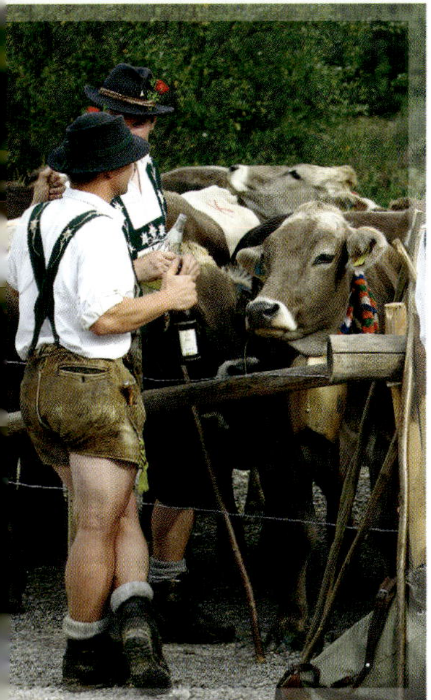

Fischen & Hörnerdörfer

Namensgebend ist der langgezogene Bergrücken, der die westliche Begrenzung des Illertales zwischen Sonthofen und Fischen bildet: die »Hörnerkette«, über die eine der aussichtsreichsten Panoramawege des Oberallgäus verläuft. Ein Stockwerk tiefer, auf etwa 900 m Höhe, wird dieser Kamm von einer etwa drei Kilometer breiten Hochebene gesäumt, auf der sich neben den drei Hörnerdörfern Ofterschwang, Bolsterlang und Obermaiselstein zahlreiche kleine Weiler und Bauernhöfe befinden sowie weite Wiesen und urige Hochmoore. Nicht zu vergessen zwei Golfplätze, zahllose Wanderwege, im Winter ein großes Loipennetz....

Noch etwas tiefer schließt sich der flache Talboden mit der Iller und dem vielbefahrenen Illerradweg an. Und im Osten oberhalb von Fischen thront über allem das wuchtige Rubihorn.

Das Illertal zwischen Fischen und Oberstdorf; Rubihorn (li.), Allgäuer Hauptkamm, Besler (re.)

△ Hinanger Wasserfall

Einer der malerischsten Plätze im Oberallgäu! Ein kleiner, im Wald versteckter Wasserfall, mit Moos überzogene Felswände, überall tropft, rauscht und glitzert es um die Wette....Und im Winter verwandelt sich alles in einen magischen Eispalast.

Ofterschwanger Horn ▷

Das Ofterschwanger Horn ist ein eher unscheinbarer Gipfel auf der Hörnerkette, die sich an der westlichen Illertalseite entlangzieht. Das Panorama über das Illertal und die Allgäuer Alpen lässt allerdings kaum Wünsche offen.

Allgäuer Alpen vom Riedberger Horn

KAPELLEN

Kapellen, Bildstöcke, Kalvarienberge, Wegkreuze,...der christliche Glaube ist im Allgäu allgegenwärtig. Viele Kapellen stammen aus dem frühen 17. Jh., als im Verlauf des 30-jährigen Krieges auch die Pest Einzug hielt und die Menschen in Ihrer Ohnmacht gegenüber der tödlichen Gefahr um göttlichen Beistand baten – oder nach glücklichem Ausgang für diesen dankten. Ein besonders malerisches Gotteshaus aus dieser Zeit steht in Vorderburg (o.), wo sich unter mächtigen Kastanienbäumen eine alte, fast vergessene Pestkapelle inmitten eines moosüberzogenen, winzigen Friedhofs versteckt. Und an einem sonnigen, aussichtsreichen Südhang oberhalb von Sonthofen erinnert eine Kapelle an die ehemalige Siedlung Oberried (re.), die vor über 100 Jahren aufgegeben wurde.

FERIENREGION ALPSEE-GRÜNTEN

Bei Immenstadt verlässt die Iller die Alpen und tritt Ihren Weg nordwärts durch das zunehmend flacher werdende Alpenvorland Richtung Donau an. Im Westen wird das Illertal vom Mittag flankiert, im Osten vom alles beherrschenden Grünten, beides großartige Aussichtsberge. Immenstadt, die älteste Stadt im Oberallgäu, überrascht mit einer kleinen, fein herausgeputzten Altstadt rund um den historischen Marienplatz mit Kirche, altem Rathaus, Schloss und gemütlichem Flair (u.). Und direkt vor der Haustür lockt der wunderschöne Große Alpsee. Dieser ehemalige Gletschersee, der fast die gesamte Breite des Konstanzer Tales ausfüllt, ist mit einer Länge von über drei Kilometern der größte Natursee des Allgäus.

Grünten & Starzlachklamm

Der wuchtige, hoch über dem Illertal aufragende Grünten ist nicht nur wegen des Fernsehturms unverkennbar. Sein von einem Gebirgsjägerdenkmal gekrönter Gipfel gilt als einer der schönsten Aussichtsberge im Allgäu. Und auf seiner Südseite bei Burgberg lockt die malerische, wild rauschende Starzlachklamm.

Illertal, Sonthofen und Allgäuer Alpen
vom Burgberger Hörnle

Illerterrassen

Etwa 100 Höhenmeter über den tischebenen Illertal-Auen zieht sich beiderseits des Illertales zwischen Sonthofen und Oberstdorf eine leicht gewellte Hochebene entlang – ehe das Gelände steil zum Sonnenkopfgrat (im Osten) bzw. der Hörnerkette (im Westen) ansteigt. Zahlreiche kleine Dörfer und Weiler (oben: Imberg und Allgäuer Hauptkamm zwischen Linkerskopf und Widderstein) haben dort Platz gefunden, dazwischen offene Wiesenlandschaften, malerische Tobel und Wasserfälle sowie ausgedehnte Hochmoore (rechts: bei Altstädten; mit Rubihorn).

◁ **ILLER**

Nach zwei verheerenden »Jahrhunderthochwassern« innerhalb weniger Jahre wurde der Iller mit schwerem Gerät zu Leibe gerückt und ihr Flussbett zwischen Oberstdorf und Immenstadt stark verbreitert. Die Bauwunden sind schnell verheilt, und inzwischen bietet der Fluss über weite Strecken wieder einen fast wilden Anblick mit breiten Kiesbänken, zwischen denen das kristallklare Wasser talwärts strömt.

FALKENSTEIN △

Vom Falkenstein bei Rettenberg bietet sich ein wunderschöner Blick über das Illertal bei Immenstadt, das hier die Berge hinter sich lässt und ins flachere Alpenvorland übergeht; im Hintergrund die Nagelfluhkette.

Gunzesrieder Tal

Durch eine hohe Geländestufe vom Illertal getrennt und deshalb etwas versteckt liegend schiebt sich bei Sonthofen das Gunzesrieder Tal westwärts in die Berge hinein. Dünn besiedelt, ohne größere Skianlagen und auch ohne besonders spektakuläre Gipfel geht es hier – für Allgäuer Verhältnisse – recht ruhig zu. Und auf Wanderer warten malerische Tobel und rauschende Wasserfälle sowie schöne Touren auf der aussichtsreichen Nagelfluhkette, die das Tal auf seiner gesamten Länge im Norden begleitet.

Der Große Alpsee bei Immenstadt

Wasserparadies Allgäu

Das Allgäu ist eine der sonnigsten Regionen Deutschlands.
Gleichzeitig aber – wegen teils heftiger Sommergewitter über den hohen Gipfeln und aufgrund der im Nordstau der Alpen oft recht ergiebig ausfallenden Regentage – auch eine der niederschlagsreichsten.
Als Folge davon beschert uns das Allgäu eine wunderbare Vielfalt an schönen Wasserfällen, wilden Tobeln und beeindruckenden Klammen, durch die meist unglaublich klares Gebirgswasser zu Tal rauscht.

Oberstaufen & Umgebung

Westlich von Oberstaufen dominieren weite, offene Wiesenlandschaften das Allgäu, das – von tiefen Tälern durchzogen – allmählich Richtung Bodensee abfällt. Die Hintergrundkulisse bildet die langgestreckte Nagelfluhkette, die mit dem Hochgrat (1834 m) ihren höchsten Punkt erreicht, ehe auch dieser Bergkamm Richtung Westen ausläuft.

◁ Blick vom Hochgrat nach Westen

Weißachtal und Nagelfluhkette ▷

▽ Hochsiedelalpe und Buchenegger Wasserfall

Der Niedersonthofener See

Kempten

Die Metropole des Allgäus ist eine lebendige Einkaufs- und Universitätsstadt mit 65.000 Einwohnern, 2000-jähriger Geschichte und einer hübschen Altstadt: »oben« die barocke Residenzstadt der Fürstäbte mit Basilika und Hofgarten, »unten« an der Iller die Bürgerstadt mit zahlreichen Patrizierhäusern rund um das Rathaus.

St. Mang

Landschaftspark Engelhalde

Rathausplatz

Hofgarten und Basilika St. Lorenz

Basilika St. Lorenz

ller und St. Mang

Kunsthalle und Basilika St. Lorenz

Residenz

Orangerie

Moore

Trotz Trockenlegung und Torfabbau in der Vergangenheit sind im Allgäu zahllose Moore erhalten geblieben. Meist aus nacheiszeitlichen Seen und Tümpeln hervorgegangen, die im Laufe der Jahrtausende verlandet und zu Mooren herangewachsen sind, bilden sie heute als kleine »Wildnis-Oasen« schöne und ökologisch wertvolle Naturräume inmitten einer von Grünland dominierten Kulturlandschaft.

Hindelang & Ostrachtal

Bei Sonthofen stößt aus östlicher Richtung das breite Ostrachtal zum Illertal. Offene Wiesen prägen den Talboden rund um Bad Hindelang und Bad Oberdorf, überragt von den beiden herrlichen Aussichtsbergen Imberger Horn und Hirschberg. Folgt man der Ostrach südwärts, gelangt man ins enge Hintersteiner Tal, das sich weitere 12 km in die hohen Berge hineinzieht – bis zur »Rückseite« des Nebelhorns oberhalb von Oberstdorf. Eine reiche Palette an Sehenswürdigkeiten und Touren wartet auf den Wanderer, von der gemütlichen Runde entlang der unglaublich klaren Ostrach über urige Berghütten wie die Willersalpe, zu den mächtigen Ahornbäumen der Schwarzenberghütte bis hin zu anstrengenden Bergtouren hinauf zum Schrecksee oder auf den mächtigen Hochvogel.

Über die serpentinenreiche Jochstraße gelangt man von Bad Hindelang zum 300 Meter höher gelegenen Ortsteil Oberjoch inmitten einer hübschen Moorlandschaft. Und über den gleichnamigen Pass ist es nur ein Katzensprung hinüber ins Tannheimer Tal.

△ Schneck

Ganz im Süden des Hintersteiner Tals reckt sich ein besonders spektakulärer Gipfel in den Himmel: die Schneck (2268 m). Aus ähnlichem Gestein wie die berühmte Höfats im benachbarten Oytal aufgebaut, weist auch dieser Berg extrem steile, bis zur Spitze mit Gras überzogene Flanken auf, von deren Besteigung man besser Abstand nehmen sollte.

Prinz-Luitpold-Haus ▷

Nur wenige Kilometer Luftlinie von der Schneck entfernt erhebt sich der Hochvogel. Zu seinen Füßen, umgeben von wild gefalteten Dolomitriesen wie dem Wiedemerkopf, thront das Prinz-Luitpold-Haus lawinengeschützt auf einer Karschwelle, hinter der sich ein kleiner See aufgestaut hat.

Winterliches Ostrachtal

Das hintere Obertal zwischen
Laufbacher Eck und Seekopf

Der Schrecksee im
Hintersteiner Tal

◁ **Oberjoch**

Von Bad Hindelang geht es in vielen Kehren hinauf nach Oberjoch, einem kleinen Ort inmitten einer weitläufigen Hochebene mit Wiesen und Mooren unterhalb des langgestreckten Iseler-Grates. Im Osten schließt sich nahtlos das Tiroler Tannheimer Tal an mit den markanten Kalkgipfeln der Tannheimer Berge. Und ganz in der Ferne ist die Zugspitze zu entdecken.

Gaishorn △

Gipfelglück am Gaishorn mit großer Fernsicht, die bis zum Säntis in der Schweiz reicht.

Das Tannheimer Tal vom Iseler-Grat;
die hellen Gipfel von Gimpel & Co.
und in der Ferne die Zugspitze

Tannheimer Tal

Das Tiroler Tannheimer Tal ist ein etwa 15 Kilometer langes Hochtal in rund 1100 Meter Meereshöhe zwischen dem Lechtal, dem Oberallgäu und dem Ostallgäu und bietet auf engstem Raum fast alles, was ein Wanderer- und Bergsteigerherz höher schlagen lässt. Ein gutes Dutzend kleiner Siedlungen verteilt sich im Tal, das im Süden von den Ausläufern der Allgäuer Alpen flankiert wird; Blickfang sind jedoch die imposanten Gipfel der Tannheimer Berge, mächtige, helle Kalkgipfel wie Gimpel und Köllenspitze. Großartige Panoramawege und Aussichtsberge, gemütliche Radwege auf dem fast tischebenen Talboden, weite Wiesenlandschaften und eine Handvoll wunderschöner Bergseen runden das Bild ab.

Litnisschrofen von der Krinnenspitze

Füssener Jöchle und Tannheimer Berge

Vilsalpsee

Wanderer zwischen Raintal und Schlicke

Gaichtspitze und Zugspitze

Nesselwängle und Gehrenspitze von der Krinnenspitze

Haldensee und Krinnenspitze

Der "Königswinkel": Schloss Neuschwanstein, Füssen, Alpsee, Schwansee und Tannheimer Berge

Ostallgäu

Für viele – insbesondere ausländische – Gäste ist das Ostallgäu gleichbedeutend mit Schloss Neuschwanstein. König Ludwig beherrscht die Marketingstrategie und zieht die Massen an. Dabei ist das Ostallgäu – so ganz nebenbei – eine der schönsten Landschaften Bayerns: großartige Aussichtsberge wie Tegelberg und Breitenberg, das malerische Füssen mit seinem mittelalterlichen Flair, zahllose wunderschöne Seen, beeindruckende Burgruinen, herrliche Radwege durch die Wiesen und Moore des leicht gewellten Alpenvorlandes, und als imposante Hintergrundkulisse die eindrucksvollen Gipfel der Tannheimer Berge und des Ammergebirges.

Unten: Forggensee mit Säuling / Bannwaldsee-Panorama

FÜSSEN

Schon die alten Römer wussten diesen strategisch wichtigen Ort, an dem der Lech ins Alpenvorland austritt, für die Anlage ihres Kastells *Foetibus* zu schätzen. Die gemütliche Altstadt Füssens mit ihren stattlichen Bürgerhäusern wird vom Hohen Schloss und dem Kloster St. Mang überragt und ist heute fest in Touristenhand. Trotzdem geht es recht entspannt zu in den hübsch herausgeputzen Gassen, während draußen vor den alten Stadtmauern der Verkehr Richtung Königsschlösser brandet....

◁ Tegelberg

Einer der spektakulärsten Aussichtsberge des Allgäus. Fast übergangslos steigt das Gelände steil aus dem flachen Voralpenland rund 1000 Meter empor. Wie eine Spielzeuglandschaft breitet sich zu seinen Füßen die Seenlandschaft aus: Der große, bei Seglern beliebte Forggensee (der nur im Sommerhalbjahr durch den Aufstau des Lechs existiert...), der stille, schilfgesäumte Bannwaldsee und – klein am linken Bildrand – der herrliche Hopfensee.

▽ Alatsee

Oben auf dem langgestreckten Zirmgrat, der sich von Pfronten bis nach Füssen hinzieht, liegt versteckt im Wald der malerische Alatsee. Ein wunderbar stilles Plätzchen mit einer ganz besonderen Atmosphäre.

Einsam auf weiter Flur steht die Wallfahrtskirche St. Coloman vor der imposanten Kulisse der Tannheimer Berge.

Für ausländische Gäste ist es der Inbegriff deutscher Mittelalter-Romantik. Und doch steht König Ludwigs Märchenschloss gerade einmal 150 Jahre. Prächtig und ungemein fotogen auf einem Felssporn vor den hohen Alpengipfeln gelegen ist es eine architektonische Meisterleistung. Für viele allerdings auch – gerade was die Innenarchitektur betrifft – schwer verdaulicher Kitsch eines etwas weltfremden Phantasten. Das Schloss – bei seinem Bau ein finanzielles Desaster – ist heute die goldene Kuh einer ganzen Region. Fluch und Segen zugleich, denn die Kehrseite der wirtschaftlichen Bedeutung sind die langen Blechlawinen, die fast ohne Unterbrechung an 365 Tagen im Jahr in das beschauliche Ostallgäu rollen. Aber wer zum ersten Mal den atemberaubenden Anblick von der Marienbrücke genießt, wird einfach nur begeistert sein.

Ostallgäuer Wasserparadies

Die Besucher-Massen pilgern auf direktem Weg zum Schloss Neuschwanstein hinauf – und dabei an mancher Naturschönheit vorbei: Der ruhige Schwansee (ganz links, mit Säuling) liegt in einem ursprünglich als Landschaftspark gestalteten Areal unterhalb von Schloss Hohenschwangau; die wilde Pöllatschlucht (links) mit ihren steil aufragenden Felswänden und beeindruckenden Wasserfällen versteckt sich im Schatten von Schloss Neuschwanstein; und der von unzähligen Postern und Postkarten als »der See im Hintergrund« bekannte Alpsee (unten) überrascht mit stillen Uferpfaden trotz seiner Nähe zum Schlösser-Trubel.

Alpsee und Tannheimer Berge

Forggensee, Säuling und Tannheimer Berge

Ammergebirge

Im Osten des Allgäus bildet das Ammergebirge, das größte Naturschutzgebiet Deutschlands, den Übergang zum Werdenfelser Land mit Garmisch und Oberammergau. Wie eine gewaltige Gletscherzunge schieben sich die Berge ins Voralpenland hinein, wobei der nördliche Teil überwiegend aus eher niedrigen, dicht bewaldeten Bergkämmen besteht. Erst im Zentrum erreichen schroffe Kalkgipfel wie die Hochplatte Höhen über 2000 m (oben, mit St. Peter in Berghof). Im Herzen des Gebirges liegt die Kenzenhütte: per Bus von Halblech zu erreichen und Ausgangpunkt zahlreicher Touren.

Rechts: Blick von der Kesselwand über die Wankerfleck-Ebene und den Geiselstein zum Forggensee.

Der Hegratsrieder See mit
Säuling und Tannheimer Bergen

Schwaltenweiher bei Seeg
und Tannheimer Berge

Pfronten ist ein Sammelbegriff für ein gutes Dutzend kleiner Dörfer, die das weite Vilstal unterhalb des Breitenberges sprenkeln. Vom Breitenberg bietet sich ein phantastisches Panorama über das Ostallgäuer Voralpenland, und wer zum benachbarten Aggenstein oder zur Bad Kissinger Hütte (re.) hinaufsteigt, dem öffnet sich der Blick hinüber ins Tannheimer Tal rund um die markanten Kalkgipfel von Gimpel und Gehrenspitze.
Und in unmittelbarer Nähe von Pfronten warten drei beeindruckende Burgruinen auf Besucher, darunter die Ruine Falkenstein, Deutschlands Höchstgelegene auf 1268 m, an deren Stelle König Ludwig ein weiteres Märchenschloss errichten wollte, neben dem selbst sein Neuschwanstein verblassen sollte....

Hopfensee, Säuling und Tannheimer Berge

INHALT

Schlenkerspitze
Tschirgant
Imst
Heiterwand
Tarrenz
Bschlabs
Obsteig
Nassereith
Elmer Muttekopf
Namlos
Galtbergspitze
Fernpass
Grubigstein
Gartnerwand
Biberwier
Berwang
Thaneller
Forchach
Bichlbach
Hochschrutte
Weißenbach
Heiterwang
Rieden
Tauern
Gaicht
Höfen
Nesselwängle
Plansee
Zwieselberg
Reutte
Gehrenspitze
Gr. Schlicke
Geierköpfe
Kreuzkopf
Säuling
Pinswang
Hochplatte
Schwarzenberg
Vils
Tegelberg
Vilser Berg
Zwölferkopf
Bad Faulenbach
Schwangau
Füssen
Weißensee
Oberkirch
Hennenkopf
Brunnen
Eschach
Buchenberg
Hopferau
Eisenberg
Buching
Forggensee
Rieden
Halblech
Trauchgau
Roßhaupten
Seeg
Eschenberg
Lobach
Fronreiten
Prem
Lengenwang
Lechbruck
Steinbach
Urspring
Steingaden

Wetterspitze
Großstein
Ruitelspitze
Hochkünzelspitze
Zitterklapfen
Kanisfluh
Hohes Licht
Biberkopf
Widderstein
Didamskopf
Mädelegabel
Wärth
Stockach
Großer Krottenkopf
Alpgundkopf
Kratzer
Bach
Wildengundkopf
Elbigenalp
Kanzelwand
Fellhorn
Mittelberg
Baad
Walmendinger Horn
Hoher Ifen
Mellau
Haselgehr
Urbeleskarsp.
Großer Wilder
Hochvogel
Schlappoldkopf
Hirschegg
Riezlern
Bizau
Schönenbach
Bezau
Winterstaude
Hinterhornbach
Vorderhornbach
Schneck
Spielmannsau
Oberstdorf
Nebelhorn
Kornau
Andelsbuch
Tiefenbach
Besler
Kastenkopf
Entschenkopf
Großer Daumen
Rubi
Langenwang
Obermaiselstein
Fischen i. A.
Reichenbach
Bolsterlang
Balderschwang
Hittisau
Lingenau
Langenegg
Falken
Schöllang
Altstädten
Riefensberg
Ofterschwang
Haldensee
Tannheim
Bad Oberdorf
Bad Hindelang
Vorderhindelang
Sonthofen
Gunzesried
Steibis
Grän
Einstein
Zöblen
Schattwald
Burgberg i. A.
Blaichach
Oberreute
Oberstaufen
Simmerberg
Immenstadt i. A.
Großer Alpsee
Stiefenhofen
Jungholz
Rettenberg
Kranzegg
Missen
Ellhofen
Pfronten
Weißbach
Wertach
Rothenbach i. A.
Kappel
Nesselwang
Grüntensee
Wengen
Weitnau
Maierhöfen
Rottachsee
Sulzberg
Rückholz
Waltenhofen
Isny
Buchenberg
Kempten
Wiggensbach
Wald